BEI GRIN MACHT SICH IHR WISSEN BEZAHLT

- Wir veröffentlichen Ihre Hausarbeit,
  Bachelor- und Masterarbeit

- Ihr eigenes eBook und Buch -
  weltweit in allen wichtigen Shops

- Verdienen Sie an jedem Verkauf

Jetzt bei www.GRIN.com hochladen und kostenlos publizieren

Daniela Kuck

Die männliche Identität und Vaterrolle

GRIN Verlag

Bibliografische Information der Deutschen Nationalbibliothek:

Die Deutsche Bibliothek verzeichnet diese Publikation in der Deutschen National-
bibliografie; detaillierte bibliografische Daten sind im Internet über http://dnb.d-
nb.de/ abrufbar.

Impressum:

Copyright © 2012 GRIN Verlag GmbH
Druck und Bindung: Books on Demand GmbH, Norderstedt Germany
ISBN: 978-3-656-62170-6

Dieses Buch bei GRIN:

http://www.grin.com/de/e-book/270669/die-maennliche-identitaet-und-vaterrolle

GRIN - Your knowledge has value

Der GRIN Verlag publiziert seit 1998 wissenschaftliche Arbeiten von Studenten, Hochschullehrern und anderen Akademikern als eBook und gedrucktes Buch. Die Verlagswebsite www.grin.com ist die ideale Plattform zur Veröffentlichung von Hausarbeiten, Abschlussarbeiten, wissenschaftlichen Aufsätzen, Dissertationen und Fachbüchern.

UNIVERSITÄT AUGSBURG
PHILOSOPHISCH-SOZIALWISSENSCHAFTLICHE FAKULTÄT
Lehrstuhls für Pädagogik mit Berücksichtigung der Erwachsenenbildung und außerschulischen Jugendbildung

Wintersemester 2011/12

Seminar
Die Suche nach dem Ich

Die männliche Identität und Vater-rolle

Verfasser
Daniela Kuck

Abgabe
30.März 2012

Kuck, Daniela
B.A. Erziehungswissenschaft, 3. Semester

INHALTSVERZEICHNIS

Seite

1 Einleitung

Emanzipation, Gleichberechtigung der Frauen, schulische Förderung der Mädchen. All diese Themen standen in den letzten Jahren im Vordergrund. Bei allen geht es fast ausschließlich um Frauen und Mädchen. Doch wo bleiben die Jungen/Männer/Väter? Wer beleuchtet ihre Probleme, Bedürfnisse und Wünsche? Väter werden unterschätzt, mit Erwartungen überfordert und oft gemaßregelt. Jungen erfahren wenig Förderung, stehen immer hinter den mustergültigen Mädchen und gelten meist nur als Störenfriede. Wie vielschichtig und facettenreich die männliche Identität ist, soll im Folgenden aufgezeigt werden.

2. Was sind Identität und soziale Rollen?

Wenn man sich die Frage nach seiner eigenen Identität stellt, kommt man nicht umher, sich zu fragen "Wer bin ich?" und "Wer bist du?". Doch für Identität gibt es keine konkrete Definition, denn die kann unterschiedlich verstanden werden. Man kann sie als habituelle Prägung, Selbstbild, soziale Rolle, performative Leistung oder als konstruierte Erzählung verstehen (vgl. Jörissen 2010). Diese Aufzählungen lassen erkennen, dass die eigene Identität nicht nur einen selbst betrifft, sondern auch das kulturelle soziale Umfeld der entsprechenden Person. Eine gefestigte Identität gibt Sicherheit, Vollkommenheit und ein Zugehörigkeitsgefühl.

Doch was genau macht die Identität aus? Sind es die Freunde, die Sprache, der Beruf, die Wohnung, die Religion, die Kinder oder ein Haus? Wer bin ich, wie sehe ich mich selbst und wie sehen mich die anderen? Habe ich meine Identität schon gefunden und hat sie sich eventuell verändert? Meist erhalten wir die Antworten auf unsere Fragen, indem wir uns mit anderen vergleichen. "Wer sich die Frage nach der Identität stellt, wird feststellen, dass sein Selbstbild der Veränderung und Entwicklung unterliegt, dass es immer auch anders sein könnte, und dass es einen Unterschied macht, ob ich mich selbst im Spiegel, oder aus dem Blickwinkel der anderen betrachte. Identität ist somit ein Differenzierungs- und Vermittlungsbegriff in einem: Er signalisiert die internen Unterschiede im Selbst wie die externen Differenzen zwischen sich und dem anderen und er verweist auf die Leistungen, die zu erbringen sind, um ein gewisses Maß an internen, d.h. selbstbezüglichen wie externen, d.h. sozialen Integrationen aufrechtzuerhalten" (Jörissen 2010).

Identität ist also als nicht so leicht zu bewältigende Aufgabe zu verstehen, denn sie muss ständig aufrechterhalten, gefestigt, bewahrt, aufgebaut und verteidigt werden (vgl. Jörissen 2010).

Eng mit der Identität verbunden ist der Begriff der sozialen Rolle. Soziale Rollen sind nach Dahrendorf an das Verhalten der Träger von Positionen geknüpfte Erwartungen in einer gegebenen Gesellschaft. Das Vorhandensein von Rollen dient also als Anhaltspunkt. Der Rolleninhaber weiß, was von ihm erwartet wird und auch was er von den anderen erwarten kann. Doch warum verhalten sich die Inhaber der Rollen dementsprechend? "Dahrendorf führte deshalb den Begriff der 'Bezugsgruppe' (reference group) ein, worunter er solche Gruppen, bzw. die Rollen-Sender versteht, die auf das Verhalten des Rollenträgers einwirken können und die den Rollenträger positiv oder negative zu sanktionieren vermögen, was nach Dahrendorf konformes Verhalten bedingt" (vgl. Nave-Herz 2006). Diese Sanktionen können beispielsweise Mobbing, Auslachen, Beschimpfungen oder ein einfaches Kopfschütteln beinhalten. Trotzdem bleibt das Problem der unterschiedlichen Auslegung der Rollen-erwartungen.

Die Vater- und Mutterrolle sind zwei Beispiele für soziale Rollen. Die Begriffe Mutter und Vater stellen zunächst nur eine biologische Tatsache dar, ähnlich wie Mann und Frau. Dieser biologische Tatbestand gibt den Mitmenschen jedoch eine Rechtfertigung, diese Rolle näher zu differenzieren und geschlechtsspezifische Unterschiede auszuweiten.

Auch wenn sich die Vaterrolle, wie später noch näher ausgeführt wird, im Laufe der Zeit doch verändert hat, so hat es die Mutterrolle nicht.

3 Die Vaterrolle im Wandel der Zeit

Forscher gehen davon aus, dass die Menschen in der Steinzeit den Zusammenhang zwischen Geschlechtsverkehr und der Geburt von Kindern schlichtweg nicht erkannten. Somit kam auch den Männern keine besondere Rolle zu, denn den Frauen allein gab die Verantwortung dafür, Kinder zu zeugen und auszutragen. Auch im alten Rom wurde den Frauen und Müttern Milde und Nähe, den Männern hingegen Distanz, Härte und Autorität zugestanden.

Im Mittelalter erhielt der Vater das Recht seine Kinder körperlich zu züchtigen, hatte jedoch auch die Pflicht es zu ernähren, zu schützen und auch zu erziehen. Diese Erziehung tritt jedoch erst in Erscheinung, wenn das Kind reif genug ist, die frühe Kindheit bleibt weiterhin Sache der Mutter.

Im Industrialisierungszeitalter konnten die Männer, die von nun an härter und länger arbeiten mussten, dem Schutz der Kinder nicht mehr nachkommen, die Mütter sprangen ein. Durch den immer größer werdenden Leistungsdruck stieg auch die Gewalt und der Konsum von Alkohol in den Familien.

Nach dem zweiten Weltkrieg wurde dem Vater ausdrücklich die Rolle der Autoritätsperson zugeschrieben. Die Mutter hingegen sollte vor allem Zuneigung verkörpern.

Zusammenfassend zum Wandel der Vaterrolle im Laufe der Jahrhunderte kann also gesagt werden, dass die Väter Autorität, Kultur und Geistiges verkörpern sollten. Den Müttern hingegen wurden die angenehmen Eigenschaften zugesprochen: Nähe, Liebe, Einfühlungsvermögen, Fürsorge.

4 Die „neuen" Väter

Die sogenannte "neuen" Väter sollten vielfältige Eigenschaften haben. Sie sollten fürsorglich sein, also das Kind pflegen, wickeln, säubern, auch Tätigkeiten im Haushalt übernehmen. Sie sollten emotional fürsorglich sein, das heißt das Kind trösten, aufbauen, zuhören, unterstützen, Ratschläge geben und gut zureden.

Auch in die Erziehung soll und darf der Vater eingreifen. Wobei hier liebevolle Fürsorge und strenge Disziplinierung in Einklang zu bringen sind. Zuletzt muss der Vater natürlich auch für die finanzielle Versorgung seiner Familie einstehen.

Doch dies sind nicht nur Erwartungen, die die Frauen oder die Gesellschaft an die Männer stellen. Auch die Männer selbst haben mittlerweile den Wunsch, mehr am Familienleben teil zu haben und nicht nur zu arbeiten und die Familie zur Nebensache zu erklären.

Deshalb wird versucht, die Männer von Anfang der Schwangerschaft an mit einzubeziehen. Frauen merken jeden Tag am eigenen Leib, dass ein neues Leben in ihnen wächst und beginnen sich körperlich und psychisch auf ein verändertes Leben nach der Geburt vorzubereiten. Für den Mann und werdenden Vater ist die Situation des wachsenden Lebens im Bauch der Frau oft nicht greifbar. Sie wissen zwar grob, auf was sie sich einlassen und was da passiert, aber sie bereiten sich eher sachlich auf das vor, was da kommen mag. Männer nehmen heute fast selbstverständlich an Geburtsvorbereitungskursen teil. Das ist ein guter Anfang, doch was kommt danach? Die Frauen können auf ein breites Netzwerk an Angeboten und Kontakten zurückreifen: Krabbelgruppe, Babyschwimmen und Rückbildungsgymnastik. Doch wo können sich die Väter austauschen und Probleme besprechen? Engagierte Väter werden so schnell ausgebremst.

Auch in der Beziehung zwischen Mann und Frau wird der Mann mit zwiespältigen Erwartungen konfrontiert. Er soll hart arbeiten, die Familie ernähren, möglichst viel Zeit mit den Kindern verbringen, aber trotzdem immer verständnisvoll, liebevoll und einfühlsam sein. Diese diffusen Erwartungen irritieren die Männer und sie müssen ihre Identität neu erfinden und sich neu definieren.

Die "neuen" Väter nehmen auch Teil an Veranstaltungen in Kindergarten und Schule oder leisten sogar selbst pädagogische Arbeit. Doch in diesem von Frauen dominierten Arbeitsfeld ist es schwer für die Männer, zu bestehen.

5 Die verschiedenen Vater-Rollen

Aufgrund von Befragungen von jungen Erwachsenen ihre Väter betreffend und ihre Vorstellungen von ihrer eigenen zukünftigen Vaterschaft entstanden folgende Vatertypen (vgl. Villa 2009):

Der abwesende Vater

Dieser Vatertyp überlässt die Kindererziehung der Mutter, arbeitet viel und widmet sich in der Freizeit ausgiebig seinen Hobbies. Gespräche über Probleme oder Gefühle finden kaum statt, die Beziehung zwischen Vater und Kind ist nicht sehr eng. Insgesamt also ein eher negatives Bild. Die befragten jungen Erwachsenen suchten aber vielmals nach Entschuldigungen für das Verhalten des Vaters und sahen dieses nicht als durch und durch negativ. Sie lenkten beispielsweise ein, dass für den Vater die Familie sehr wohl an erster Stelle stehe und er dies nur nicht so zeigen könne oder er als Kind selbst keine emotionale Nähe erfahren hätte. Die Erwerbstätigkeit der Väter wird dabei nicht berücksichtigt.

Meiner Meinung nach hat es der abwesende Vater schwer Gehör zu finden und verstanden zu werden. Oft ist seine Intention unklar. Der abwesende Vater ist meist einer, der viel arbeiten muss, um den Lebensunterhalt für seine Familie zu verdienen und die Fixkosten zu decken. Die langen Arbeitszeiten bewirken dann natürlich, dass er zeitlich sehr eingespannt ist und nur wenig zuhause sein kann. Wenn er dann aber einmal zuhause ist, hat er vielleicht nur wenig Lust, sich gleich mit seinen Kindern zu beschäftigen oder Vorwürfe zu hören. Er widmet dann seine Freizeit vielleicht lieber Hobbies oder seinen Freunden. Auch da kann man ihm eigentlich keinen Vorwurf machen, denn er tut alles erdenkliche, um seiner Familie ein sorgenfreies Leben zu ermöglichen. Dass er dafür verurteilt wird, ist schlichtweg unfair.

Der abgehauene Vater

Dieser Vatertyp hat die Familie verlassen und keinen bzw. kaum Kontakt zu seinen Kindern. Die Beziehung zwischen Vater und Kind ist deshalb geprägt von Entfremdung, Abweisung und Enttäuschung. Der abgehauene Vater findet als Vater nicht statt und die befragten jungen Erwachsenen sprechen ihm die Vaterschaft sogar vollkommen ab.

Meiner Meinung nach hat auch der abgehauene Vater nicht nur Verurteilung verdient. Man sollte sich ein genaues Bild darüber machen, warum er abgehauen ist, ob er noch Kontakt zu seinen Kindern hat, ob er diesen Kontakt jemals gesucht hat und ob er Interesse an seinen Kindern zeigt. All diese Fragen können helfen, den abgehauenen Vater nicht von vornherein in eine Schublade zu stecken. Ich denke, dieses genauere Betrachten der konkreten Einzelsituation hat er verdient.

Diese beiden aufgezeigten Vatertypen werden gemeinhin als negativ bewertet und werden nicht als Vorbild gesehen.

Der sorgende Vater

Das Bild des sorgenden Vaters zeichnen die jungen Erwachsenen, wenn sie beschreiben sollen, wie sie selbst einmal als Vater auftreten wollen. Dieser kreierte Vatertyp beschäftigt sich und verbringt viel Zeit mit seinen Kindern, er baut emotionale Nähe auf und hat auch Interesse an Problemlösungen und Ideen der

Kinder. Er möchte Teil ihres Lebens sein, eine wichtige Bezugsperson darstellen und ihnen nahe sein. Die finanzielle Versorgung rückt dabei in den Hintergrund, findet jedoch trotzdem statt. Das Bild dieses Vatertyps lässt auch den Alltag außer Acht, denn die zu verbringende Zeit mit dem Vater findet am Abend und am Wochenende statt. Von der Werktagsbetreuung, wie Mittagessen, Hausaufgabenbetreuung, zuhören und Pausenbrote machen ist keine Rede.

Meiner Meinung nach ist dieser Vatertyp der am meisten gewünschte. Er wird jedoch oftmals heroisiert und unterschätzt. Er ist mit vielen Erwartungen verbunden, die leider selten alle erfüllt werden können, weil dies schlichtweg nicht möglich ist. Es wird erwartet, dass der sorgende Vater genügend Geld verdient, um ein gutes, möglichst finanziell sorgenfreies Leben zu führen, gleichzeitig sollte er aber nur wenige Stunden arbeiten, um möglichst viel Zeit mit seinen Kindern und seiner Familie verbringen zu können. Wenn er dann von einem sicherlich anstrengenden Arbeitstag nach Hause kommt, soll er sich am liebsten sofort um die Kinder kümmern und die Frau/Mutter weitgehend entlasten. Der Vater steht nun also zwischen den Stühlen. Er versucht natürlich, allen Erwartungen gerecht zu werden, hat aber gleichzeitig auch eigene Wünsche und Bedürfnisse.

Der Hausmann

Dieser Vatertyp gibt seine Erwerbstätigkeit auf, um sich um die Kinder und den Haushalt kümmern zu können. Er wird von den befragten jungen Erwachsenen zuerst als Optimum genannt, bei genaueren Überlegungen jedoch wieder verworfen. Die Tätigkeit als Hausmann wird von vorherein an bestimmte Bedingungen geknüpft. Die Frau müsse mehr verdienen und lieber arbeiten gehen wollen.

Auch der Hausmann stellt meiner Meinung nach einen zwiespältigen Vatertyp dar. Der Hausmann erscheint zunächst als aufopferungsvoll seinen Beruf aufgebend, aber auf den zweiten Blick auch wenig männlich. Dies sehen nicht nur die Frauen so, sondern auch die Männer/Väter selbst fühlen sich nicht mehr richtig männlich, da die Frau für den Lebensunterhalt aufkommt und der Job des Hausmanns meist unterschätzt wird und wenig gesellschaftliche Anerkennung findet. Unter anderen Männern fühlt sich der Hausmann nicht wohl, erst unter Hausmännern findet er Gleichgesinnte. Man muss hier auch unterscheiden zwischen Hausmännern, die es freiwillig sind, oder aber zwischen welchen, die aufgrund der Einkommenssituation zu einem gemacht wurden. Doch auch die Frauen haben oftmals Probleme damit, ihr „Monopol" auf Haushalt und Kindererziehung aufzugeben. Ihnen fällt es schwer, den Männern/Vätern diese Aufgaben zuzutrauen und sie dabei zu unterstützen. Oft neigen die Frauen dann dazu permanent zu nörgeln, zu vergleichen und zu verurteilen.

6 Jungen in Kitas

Mit dem Eintritt in den Kindergarten wagen sich die Jungen erstmals aus dem geschützten Raum der Familie hinein in die Gesellschaft. Dort lernen sie sehr schnell, dass für das Verhalten zu Hause andere Regeln gelten, als in der Öffentlichkeit. Zuhause können sich die Jungen ihrer Identität entsprechend ausleben und so sein, wie sie sind. Sie dürfen weinen, anhänglich und verschmust sein. In der Öffentlichkeit jedoch achten die Kinder selbst, wie auch Eltern darauf, die geschlechtstypischen Verhaltensweisen zu bewahren. Im Kindergarten haben die Jungen den Geschlechtsunterschied bereits erkannt, ihr Verständnis von dem, was das Selbstgefühl eines Jungen beinhaltet ist aber noch sehr groß, dies ändert sich jedoch im Laufe der Kindergartenzeit (vgl. Koedukation und Jungen). Die Jungen leiten aus den Erfahrungen mit ihren Mitmenschen ein konkretes Bild von Weiblichkeit und Männlichkeit ab. Sie stellen als für sich fest, dass Männlichkeit stark sein bedeutet, keine Angst zu haben und keine Schwäche zu zeigen. Die Jungen verhalten sich also dementsprechend und weisen auch andere Jungen darauf hin, sich so zu verhalten.

Im Spiel bevorzugen die Jungen meist rollentypische, raumgreifende Spiele (vgl. Koedukation und Jungen). Sie spielen lieber draußen, brauchen mehr Raum und entfernen sich auch gerne von der Aufsicht der Erzieher. Auch die Tatsache, dass es im Leben von kleinen Jungen nur wenige Männer gibt, trägt dazu bei, dass positive Identifikationsmöglichkeiten fehlen und die Jungen dazu neigen sich abzugrenzen. Sie sehen bei Erzieherinnen und Lehrerinnen, was weiblich ist und versuchen dann das Gegenteil zu machen, um nicht-weiblich zu sein. Es ist also schwierig für Jungen eine männliche Identität zu entwickeln, wenn sie im Alltag meist eine weibliche vorgelebt bekommen.

7 Jungen besser fördern

Jahrelang lag der Fokus der schulischen Förderung auf den Mädchen. Sie sollten lernen, sich im Beruf den Männern gegenüber zu behaupten, sollten sich durchsetzen lernen und sich für Gleichberechtigung einsetzen. Dass sich gleichzeitig auch die Anforderungen für die Jungen geändert haben, wurde lange Zeit außer Acht gelassen. Auch die Jungen sollten rücksichtsvoller, sensibler, einfühlsamer, kooperativer, gesprächsbereiter und sanfter werden (vgl. Cwik 2009). Mittlerweile überholen die Mädchen aufgrund der intensiven Förderung die Jungen und diese rücken in den Hintergrund.

Bei der Förderung von Jungen müssen vor allem die unterschiedlichen Ausgangsbedingungen von Jungen und Mädchen berücksichtigt werden. Jungen spielen lieber Computerspiele, lieben den Wettkampf, mögen Mathematik, schreiben kürzere Texte, lernen in ihrem eigenen Tempo und sind handwerklich interessiert (vgl. Cwik 2009).

Die Lehrer sollten lernen, durch kleine Veränderung im Unterrichtsalltag auch die Jungen besser mit einzubeziehen. Im Unterricht sollten mehr Bewegungsmöglichkeiten integriert werden, mehr kürzere Texte können zum Lesen motivieren, Sportstunden individuell nach den Wünschen der Jungs, Aufsatzthemen wählen, die auch Jungs interessieren und auch die Würdigung der eher knappen Wortbeiträge der Jungen kann schon eine Veränderung bewirken (vgl. Cwik 2009).

Heute haben vorwiegen die Jungen schulische Probleme. Sie stören im Unterricht, verursachen Lärm, sind in Prügeleien verwickelt, sind vielleicht sogar gewalttätig und haben schlechtere Noten als die Mädchen. Die meist weiblichen Pädagoginnen können mit dieser Situation oft nicht umgehen, sie können sich nicht in die Jungen hineinversetzen. Die Mädchen werden zum Musterbeispiel erhoben und die männliche Identität besteht schlussendlich nur darin, kein Mädchen zu sein.

8 Schlusswort

Zum Schluss noch einige persönliche Gedanken. Ich finde es schade, dass die Problematik der Väter und der männlichen Identität vor allen bei Jungs in den letzten Jahren in den Hintergrund gerückt ist. Man merkt jedoch einen zunehmen Aufschwung und ein erneutes Aufgreifen des Themas in der Literatur. Es ist jedoch schwierig, konkrete Lösungsansätze für die zwiespältigen Erwartungen und schwierigen Verhältnisse der Väter zu geben. Nicht jeder möchte Hausmann sein und auch nicht jeder möchte von früh bis spät arbeiten, ohne seine Kinder zu sehen. Auch die Frauen spielen dabei eine große Rolle. Denn selbst wenn man den Weg ebnen würde, um den Männern mehr Freiraum in der Kindererziehung und Haushaltsführung geben würde, heißt es noch lange nicht, dass die Frauen dabei mitspielen.

9 Literaturverzeichnis

Nave-Herz, Rosemarie (2007): Familie heute - Wandel der Familienstrukturen und Folgen für die Erziehung. Darmstadt: Wissenschaftliche Buchgesellschaft.

Nave-Herz, Rosemarie (2006): Ehe- und Familiensoziologie - Eine Einführung in Geschichte, theoretische Ansätze und empirische Befunde. München: Juventa-Verlag.

Jörissen, Benjamin (2010): Schlüsselwerke der Identitätsforschung. Wiesbaden: Verlag für Sozialwissenschaften.

Kaiser, Astrid (2005): Koedukation und Jungen. Weinheim u.a.: Beltz.

Baur, Nina (2008): Die soziale Konstruktion von Männlichkeit. Opladen: Budrich.

Villa, Paula-Verena (2009): Mütter-Väter: Diskurse, Medien, Praxen. Münster: Verlag Westfälisches Dampfboot.

Mühling, Tanja (2007): Väter im Blickpunkt - Perspektiven der Familienforschung. Opladen u.a.: Budrich.

Gössling, Andreas (2008): Die Männlichkeits-Lücke. Warum wir und um die Jungs kümmern müssen. München: Zabert-Sandmann.

Cwik, Gabriele (2009): Jungen besser fördern. Berlin: Cornelsen Scriptor.